Wunderland der Liebe

Andrea Koßmann
Liebesgedichte

Grafik Werkstatt Bielefeld

Das ist Liebe

Frei sein
ohne über Grenzen zu gehen.
Gefangen sein
ohne Fesseln zu spüren.

Im Dunkeln sehen
ohne Angst zu haben.
Die Sterne fühlen
ohne danach zu greifen.

Halt zu haben
ohne danach zu suchen.
Antworten finden
ohne Fragen zu stellen.

Gänsehaut haben
ohne zu frieren.
Zweisamkeit spüren
ohne den anderen.

Sich geliebt fühlen
ohne ein Wort.
Wärme spüren
ohne Nähe.

Das ist Liebe.

Selbstläufer

Wenn du dich
mit mir
beschäftigst

und ich mich mit dir,

wird ein

WIR

der reinste
Selbstläufer
sein.

Liebe ist grenzenlos

Wärmer als die Sonne,
grenzenloser als das Universum,
strahlender als die Sterne,
weiter als das Meer.

Süßer als Eiscreme,
weicher als Samt,
kuscheliger als der Wohlfühl-Pulli,
bunter als alle Farben der Welt.

Melodischer als jede Musik,
bewegender als jeder Tanz,
tiefer als der Mittelpunkt der Erde,
romantischer als 1 Million Kerzen,

aber mindestens genauso wertvoll
wie ein Kuss von dir,
ist meine Liebe zu dir.

Lebensschrift

Das Leben schreibt
die schönsten Geschichten.

Aber die schönste Schriftart
ist immer noch die des Herzens.

Wunderland der Liebe

Wenn du über den Weg der Wünsche gehst,
vorsichtig über Stolpersteine steigst
und die Träume rechts und links
am Wegesrand zu einem großen
Strauß zusammenpflückst,
wirst du die Erfüllungsgasse betreten,
an deren Ende sich die Tore öffnen,
durch die du ins Wunderland der Liebe
gelangen wirst.

Lachende Liebe

Nur wer der Liebe
strahlend ins Gesicht lachen kann,
kann auch um sie weinen,
wenn sie fort ist.

Liebe ist ...

Zum Leben brauche ich
Atem, die Sonne,
Wasser und Brot.

Zum Überleben brauche ich
einen Job,
ein Dach über dem Kopf
und eine Hausratversicherung.

Zum Lieben aber
brauche ich nur

DICH.

Liebe ist
so
genügsam.

Wunder

Ich wartete auf ein Wunder.
Und dann kamst

DU.

Und bist einfach passiert.

Guten Morgen

Ein schöner Tag
beginnt für mich dann,
wenn ich die Augen öffne
und das Erste, was ich erblicke,
sind die Sonnenstrahlen,
die auf deiner Nasenspitze
tanzen.

Du bist wunderbar

Vieles auf dieser Welt
kann so wunderbar sein.
Die rechte Tat,
zur rechten Zeit,
am rechten Ort.

Die Welt dreht sich weiter,
Tag für Tag
und
Nacht für Nacht.

Die Sonne scheint
wie jeden Tag.
Der Regen fällt,
Jahr für Jahr.

Alles ist wie es ist,
wie es immer war
und immer sein wird.

Doch nichts,
nichts
ist
wie
DU.

Glücklich sein

Glücklich sein
bedeutet,
das Leben
zu lieben,
in welchem

DU
und
ICH

die Hauptdarsteller
sind.

Liebesatem

Du kannst
weder die
Zeit
noch die
Luft
für immer
anhalten.

Aber
den Atem
des Lebens
wirst du nie
verlieren,
solange
du
liebst.

Entdecke mich

Versinke in mir
mit all deinen Sinnen.
Tauche ab in die
Tiefe meines Seins.

Lass all deine Träume
in mich rinnen.
Was jetzt noch deins ist,
wird auch meins.

Blick noch einmal
ganz tief in dich.
Dann schau in dein Herz.

Und dann
entdecke mich.

Platz für Liebe

Liebe wird sich nur dann
in dir ausbreiten können,
wenn du ihr den nötigen Platz
dafür bietest.

Lebensmelodie

Der Klang des Herzens
ist die Melodie des
eigenen Lebens,
während unsere
Seele
die Stimmgabel
des Ganzen ist.

Schweres Herz

Manchmal ist mein Herz so schwer.
Nicht etwa, weil du mich traurig machst,
oder weil ich besorgt bin.

Sondern ganz einfach deshalb,
weil es so voll ist von dir.
Es quillt fast über vor Liebe.

Und dennoch würde ich nichts tun,
um es zu leichtern.

Ich bin mir sicher:

Das Herz ist der
einzige Teil des Körpers,
den man nie
auf Diät setzen sollte.

Traumurlaub

Ich tauche ab ins
Meer der Sinnlichkeit,
labe mich an
den Wellen
der Lust.

Schaue in das Himmelszelt
der Begierde,
vergrabe meine
Hände in den Sand
der Zärtlichkeit.

Ich genieße die Sonne
der Zweisamkeit
und spiele mit
den Muscheln
der Erotik.

Wer braucht die Südsee?

Ich hab doch
DICH.

Sonnenseite

Der Liebe wegen
muss man manchmal über
den Schatten
der Vernunft springen,
um die
Sonnenseite des Lebens
genießen zu können.

Zum Glück

Das größte Glück
der großen Welt
erfahre ich,
wenn ich
in der kleinsten Welt
zu Hause bin.

In der
mit
DIR.

Irgendwann werden wir
uns nicht mehr an
all die Worte erinnern,
die wir uns ins Ohr geflüstert haben.

Irgendwann werden wir
nicht mehr wissen,
wie es sich anfühlte,
sich gegenseitig zu umarmen.

Irgendwann werden wir
krampfhaft versuchen,
uns an das Gefühl des ersten
Kusses zu erinnern.

Irgendwann werden wir
unsere Träume vergessen,
die letztendlich geplatzt sind.

Aber woran wir uns immer erinnern werden,
ist die Tiefe des Gefühls,
welches uns einst zusammengeführt hat.

Die Erinnerung an die Liebe
und das allmächtige tiefe Gefühl
der Wärme und Nähe werden wir
für immer in unseren Herzen halten.

Eine besondere Liebe ist unsterblich.

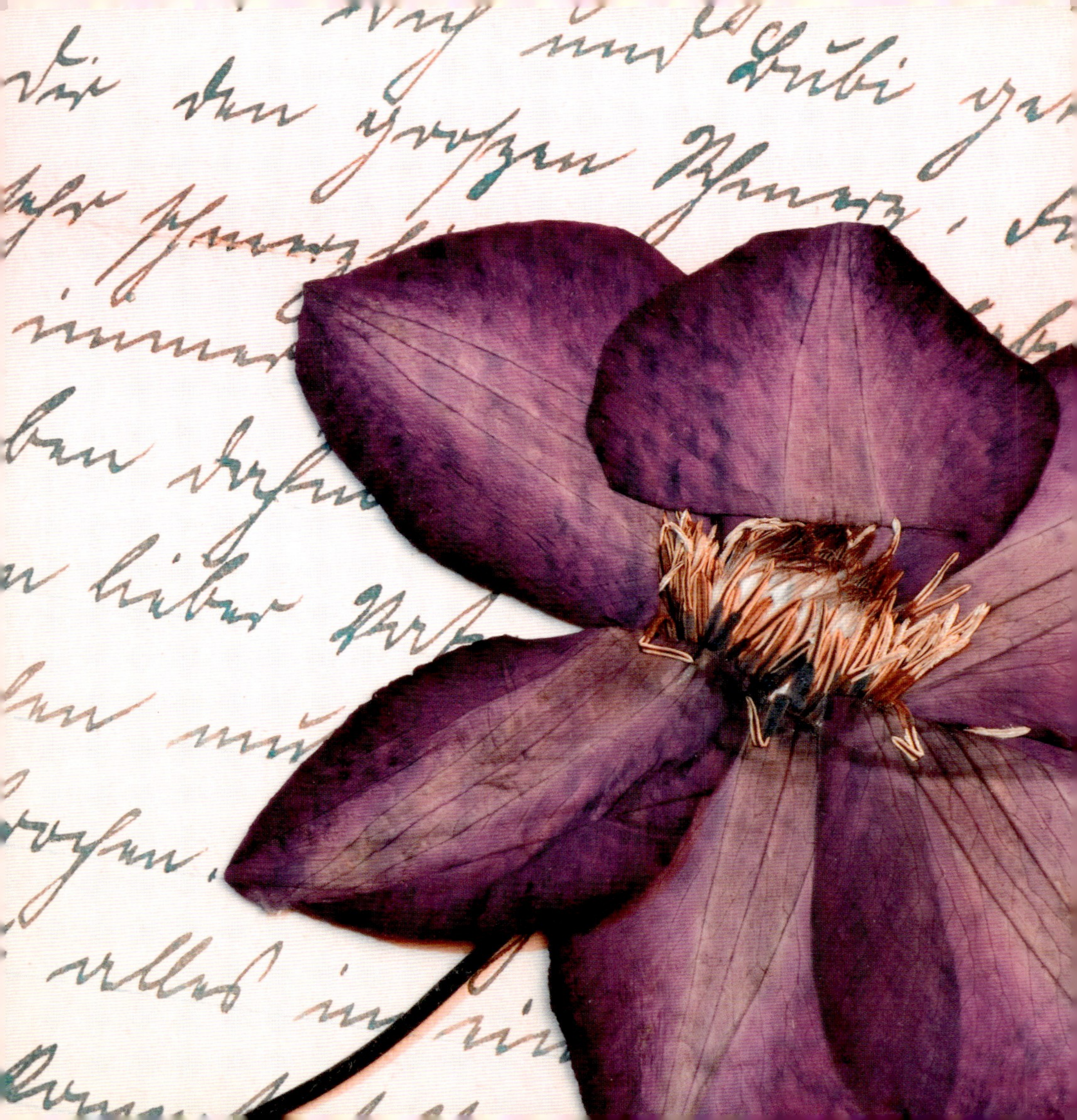

Symphonie der Liebe

Vielleicht spielen wir beide
das gleiche Lied,
in dem die Harmonien perfekt
aufeinander
abgestimmt sind,
nur auf verschiedenen
Instrumenten.
Denn so kann eine Melodie
schön klingen
und man summt dieses Lied
den ganzen Tag,
obwohl der andere gerade
vielleicht gar nicht
in der Nähe ist.
Das nennt man
Symphonie
der
Liebe.

Losgelöst

Der Himmel über uns – wolkenlos.

Die Wolken einer Herbstnacht – schwerelos.

Die Schwere eines Streits – lieblos.

Die Liebe zwischen uns – grenzenlos.

Wahre Liebe

Die wahre Liebe
findet ihren Weg,
ohne nach ihm
zu suchen.

Idee, Konzept & Grafik
Yvonne Wagner, Bielefeld

Bildnachweis
Reinhard Becker, Seite 3
Werner Bethmann, Seiten: 16 und 17
Marcin Chodorowski, Seite 27
Thomas Demarczyk, Seite 20 und 21
Flora Press / Living & More, Seiten: 22, 23 und 40
Fotolia, Seiten: 6, 7, 8, 9, 33 und 35
Hans Pfleger, Seite 28 und 29
Oleg Rosental, Seite 4
Romana Schaile, Seite 12 und 13
Stefan Schejok, Seite 18 und 19
Shotshop, Seiten: 15, 38, 39, 42, 43, 44 und 45
Mit freundlicher Genehmigung von Shutterstock, Inc.,
Seiten: 24, 30, 31, 36 und 37
Yvonne Wagner, Titelfoto, Seite 1 und 11

Text
Andrea Koßmann
www.andrea-kossmann.de

ISBN 978-3-940466-81-5
© Grafik Werkstatt Bielefeld
www.grafik-werkstatt-bielefeld.de